LA FRANCE

RÉGÉNÉRÉE

PAR LA TRANSFORMATION DES IMPOTS

DOTANT LE PAYS DE MOYENS D'ACTION D'UNE PUISSANCE
INCONNUE JUSQU'ALORS

Par Paul VÉRET de Roye (Somme)

AMIENS
TYPOGRAPHIE ALFRED CARON FILS ET Cⁱᵉ
RUE DE BEAUVAIS, 42.

1874

INTRODUCTION

Dans les circonstances douloureuses où se trouve le pays !

En face de la dette énorme de l'Etat, à laquelle il faut ajouter les cinq milliards réclamés par les Allemands !

En face de la dette hypothécaire des particuliers qui prend chaque jour des proportions effrayantes !

En face de l'insuffisance du numéraire de toute la France qui, dit-on, n'atteint par le chiffre de cinq milliards réclamés comme indemnité de guerre !

Aujourd'hui que tous les financiers, afin d'empêcher la France de tomber dans un abîme sans fond, se creusent la tête pour chercher ce qui n'existe pas, d'après notre organisation sociale actuelle ;

Je crois le moment opportun de faire réimprimer les systèmes financiers, que j'ai adressés en 1852 à tous les représentants de France, et que je laisse aujourd'hui à l'appréciation des lecteurs.

P. VÉRET.

Le numéraire en espèces métalliques est en France d'environ *trois milliards cinq cents millions*, chiffre assurément de beaucoup insuffisant aux besoins immenses et toujours croissants du pays.

A la vérité les règlements en mandats ou billets à deux, trois, six mois, un an d'échéance y suppléent; mais ces mandats ou billets, servant de paiement par suite d'endos, ont l'inconvénient funeste d'engager par des signatures tout le commerce et l'industrie; de sorte que la moindre crise financière ou politique est toujours suivie d'une perturbation générale; alors banquiers, capitalistes, industriels, commerçants restreignent leurs affaires, resserrent leur crédit, la circulation de ce papier s'arrête, et par ce fait tous les moyens d'action indispensables au commerce et à l'industrie n'existent plus. Ce crédit factice, frappé à son origine de l'impôt du timbre, puis soumis à l'exploitation plus ou moins judicieuse, plus ou moins rapace des banquiers et des usuriers, devient encore le plus souvent, en dernier lieu, la pâture des hommes de lois et des tribunaux.

Aussi, de même qu'un navire de fort tonnage, lancé dans un volume d'eau impuissant à le soutenir, touche et reste immobile sur le sable; de même, notre commerce, notre industrie, notre agriculture, privés d'un capital proportionné à ses dépenses et à ses besoins.

sont, par ce seul fait, réduits à l'impuissance, dans l'extension de leurs rapports commerciaux à l'intérieur et à l'étranger, dans la construction de nouvelles usines et fabriques, dans le perfectionnement des machines et mécaniques, dans les défrichements, assolements, marnages, drainages des terres, dans les achats d'engrais et de bestiaux, sources infaillibles et intarissables de richesses et de bien-être d'une nation.

Les moyens d'action et de crédit offerts jusqu'à ce jour sont évidemment impuissants, puisque notre industrie ne peut, pour une foule de ses produits, lutter victorieusement contre les producteurs étrangers, et que notre agriculture, forcée de suivre la vieille routine pour ses assolements, n'obtient des 42 millions d'hectares de terres qu'elle cultive que des produits incomplets, et qu'elle laisse encore incultes 11 millions d'hectares!!

Pour satisfaire tous ces besoins, et obtenir toutes ces améliorations, que faut-il?

L'argent en abondance et à bon marché.

On atteindra incontestablement ce but par l'application de notre système de transformation des impôts, qui établit sur la plus stricte équité les charges de chaque citoyen envers l'Etat, consolide tous les intérêts et met un capital à la disposition de la société, qui, suivant ses besoins, pourra, sans risque aucun, s'élever au chiffre de 66 milliards.

LE BIEN-ÊTRE UNIVERSEL

PAR

LA TRANSFORMATION DES IMPOTS

ou

L'EXTINCTION DU PAUPERISME REALISÉE PAR LE TRAVAIL.

On se plaint depuis longtemps de la répartition peu judicieuse des impôts, et la masse de la population commence elle-même à comprendre que l'impôt, pour être équitable, devrait être assis seulement sur des valeurs réelles, telles, par exemple, que les propriétés immobilières, et non, comme ils le sont aujourd'hui, pour une très-large part, sur les bénéfices présumés de l'industrie, de l'agriculture et du commerce, ainsi que sur les objets de première nécessité dont se compose en grande partie la nourriture du pauvre. Cette vérité une fois admise par la nation, le chef de l'Etat qu'elle a chargé, en le nommant, de mettre à exécution sa volonté, aura évidemment pour premier soin d'introduire dans notre système actuel d'impôts les réformes réclamées au nom de la justice et de l'humanité. Or, quoi de plus naturel, de plus juste, de plus humain que de faire peser l'impôt uniquement sur celui qu'entourent toutes les jouissances de la vie, afin d'en décharger le travailleur, qui souvent ne trouve pas dans sa profession les ressources nécessaires à son existence de chaque jour, ou du moins ne les y trouve qu'au prix d'une vie tout entière hérissée de fatigues et de privations? Nous avons donc la conviction que, dans un temps plus ou moins rapproché, la propriété est appelée à supporter seule les charges du budget de l'État.

Cette transformation de l'impôt, admise et reconnue juste par tous, améliorera-t-elle la position critique où se trouvent aujourd'hui, en France, l'agriculture, l'industrie et le commerce?

Nul ne saurait contester la grande insuffisance de notre numéraire. En effet, chez nous, les trois quarts des affaires de toute nature se traitent et se règlent à deux, à trois, à six mois, et même à un an de date, termes souvent désastreux, aussi bien pour l'acheteur que pour le vendeur, et qui entraînent, en bien des circonstances, des frais de timbre, de jugement, d'expropriation, fléaux destructeurs dont nous serions évidemment délivrés si toutes les ventes se faisaient au comptant. Aussi serait-ce exaucer le vœu le plus ardent du commerce que de le mettre à même de cesser tout crédit. Mais deux voies seulement se présentent pour arriver à ce résultat : ou faire descendre les affaires au niveau du chiffre de notre numéraire, ou introduire, en France, un système monétaire qui soit proportionné au chiffre des affaires traitées.

Il est évident que la transformation d'impôts dont nous avons parlé n'accroîtrait pas d'une obole la somme de notre numéraire. Si donc on se borne à cette mesure, on aura sans doute amené la reconnaissance et la consécration d'un principe plus équitable, mais on n'aura pas créé un de ces moyens d'action énergiques et puissants qui relèvent un grand pays, et qui ont manqué jusqu'à présent au nôtre pour le mettre à la tête du commerce de toutes les nations du globe.

Ce qu'il nous faut chercher, c'est tout un autre système, c'est une combinaison entièrement nouvelle, c'est une de ces idées larges et salutaires devant lesquelles s'aplanissent tous les obstacles et disparaissent tous les maux comme par enchantement, c'est enfin le secret de rendre l'intérieur florissant et prospère, et de créer en même temps, à l'extérieur, des relations capables de mettre notre commerce maritime en état de rivaliser avec celui de l'Angleterre.

Ce secret, nous croyons l'avoir trouvé ; telle est du moins notre conviction. Il sera possible, avec notre système, de donner au Trésor un revenu plus considérable, de fournir autant d'argent qu'en exigeront, pour leur développement complet, les mille industries diverses de notre pays, de supprimer tous les impôts tels qu'ils sont actuellement établis, de ne faire contribuer aux charges de l'État que les propriétaires, en faisant d'eux la cheville ouvrière et indispensable de cette prospérité réelle après laquelle on court depuis si longues années en France, sans parvenir jamais à l'atteindre ; enfin, d'enlever à l'Angleterre une large part de son commerce, pour en doter cette même France, qui deviendrait ainsi le premier port maritime du continent européen.

Voici notre combinaison :

1° *Supprimer complétement les impôts perçus suivant le système actuel ;*

2° *Faire une estimation équitable de la valeur de toutes les propriétés territoriales et immobilières de la France ;*

3° *Établir un Grand-Livre, où tous les propriétaires auront un compte ouvert : ce compte énoncera la quantité et la valeur des propriétés de chacun d'eux ;*

4° *Créer des billets, dits de banque ou de trésor, pour un chiffre formant les deux tiers de la valeur de toutes les propriétés inscrites ;*

5° *Obliger, par un décret, chaque propriétaire à prendre ces billets, à titre de prêt, dans la proportion de la valeur de sa propriété. L'intérêt de ce prêt, fixé à 2 p. 100, constituerait l'impôt unique ;*

6° *Fixer par une loi le taux de l'argent à 3 p. 100.*

L'impôt, tel qu'il existe aujourd'hui, est désastreux pour une masse d'agriculteurs, d'industriels et d'artisans ; le supprimer serait sans contredit un bienfait, un grand acte d'humanité, qui mettrait enfin en action ces paroles sublimes du christianisme : *Venez en aide à ceux qui souffrent.*

L'estimation générale des propriétés mettrait l'Etat à même de connaître avec certitude la fortune immobilière de la France ; on la suppose actuellement de 100 milliards.

Sur le compte ouvert au Grand-Livre, des propriétaires, énonçant avec détail pour chacun d'eux la valeur de toutes les propriétés, l'État ne verrait figurer que des contribuables d'une solvabilité parfaite ; dès lors plus de contraintes, plus de saisies, plus de ces vexations exercées si souvent, hélas ! sur des malheureux qui manquent souvent du strict nécessaire ; dès lors plus de ces haines de misère, à tort ou à raison, toujours dirigées contre le chef de l'État et son gouvernement.

Par la création de 66 milliards de billets de banque, représentant les deux tiers de la valeur réelle de toutes les propriétés immobilières, on mettrait enfin à flot le vaste navire de la France ; partout alors coulerait en des milliers de bras, comme un fleuve bienfaisant, l'argent nécessaire pour féconder les terres incultes, pour faire marcher à grande vapeur toutes les usines, pour faire surgir une foule d'industries nouvelles, où trouveront à s'occuper tous les travailleurs.

En forçant, par un décret, tous les propriétaires à prendre des billets pour les deux tiers de la valeur de leurs propriétés, on les doterait en quelque sorte d'une double fortune ; fortune en immeubles et fortune en portefeuille. En effet, d'un côté, le prêt fait par l'État, à 2 p. 100, constituant l'impôt unique, ne viendrait rien changer à leur mode de location ou d'exploitation, et de l'autre ils auront en main des billets de banque du trésor, avec lesquels ils pourront entreprendre, dans leurs propriétés, dans leurs fabriques, dans leurs usines, toutes les améliorations susceptibles d'en augmenter la valeur.

Enfin la loi, en fixant à 3 p. 100 le cours légal de l'argent, fermerait une plaie qui dévore le sol de la France, celle de l'usure, qui cesserait forcément devant l'affluence des capitaux offerts de toutes parts par les propriétaires.

Le commerce, l'industrie et surtout l'agriculture, chargés jusqu'aujourd'hui d'impôts considérables, ont eu de plus à payer, pour l'argent emprunté, un intérêt de 6, de 7, 8 p. 100 et quelquefois davantage. Loin de prospérer, ils courent toujours à la ruine; les dégrever de toute espèce d'impôt et leur fournir de l'argent à 3 p. 100, c'est les rappeler à la vie, en leur donnant un développement immense. Quant au propriétaire, dégrevé aussi totalement d'impôt par le fait, et doté en plus d'un bénéfice de 1 p. 100, puisqu'il placerait à 3 l'argent que l'Etat lui aurait prêté à 2, nous sommes également fondé à dire que sa position serait grandement améliorée et qu'il se verrait suffisamment récompensé de son concours.

Certes, personne n'osera contester les effets merveilleux que produiraient 66 milliards de numéraire semés sur la surface de la France. Que de nouveaux chemins de fer sillonneraient le sol dans tous les sens! que de fabriques, que d'usines s'agrandiraient, s'élèveraient comme par enchantement! que de propriétaires, aujourd'hui riches de terre, mais pauvres d'argent, mettraient en culture leurs terrains restés stériles! Partout une transformation complète, grâce à une combinaison qui aurait créé des moyens d'action dans des pays où jusqu'alors il n'en avait existé aucuns, et qui, sans cette mesure, en auraient été encore bien longtemps privés.

Que d'améliorations le fermier apporterait à sa culture s'il pouvait recevoir de son propriétaire de l'argent à un intérêt modique! Dépensé avec intelligence, cet argent ferait, par une augmentation de produit, la fortune du fermier et en même temps celle du propriétaire, par l'amélioration progressive du sol.

Quel changement dans la position de l'industriel! Force maintenant de passer sous les fourches caudines de petits banquiers timorés ou rapaces, il ne trouve chez eux le plus souvent que des fonds insuffisants qui l'empêchent de tomber, mais qui ne font marcher que péniblement son industrie. Notre combinaison lui donnerait, à 2 p. 100, un capital des deux tiers de la valeur immobilière de ses constructions, bâtiments, usines, etc. Avec l'aide de ce capital, pour ainsi dire providentiel, quelle extension ne pourrait-il pas donner immédiatement à son industrie et à son commerce!

Que d'inventions de toute sorte, restées à l'état d'enfance par suite de la timidité des prêteurs, grandiraient aussitôt, marchant à pas de géant, si, en France, comme cela a lieu en Angleterre, l'abondance des capitaux ouvrait aux idées grandioses les portes à deux battants, offrait aux créations nouvelles une juste récompense, tendait, en un mot, à l'intelligence et au génie une main toujours secourable et protectrice! La France, soyez-en sûrs, ne tarderait pas à devenir le pays des merveilles.

Que d'habiles ouvriers sortiraient de l'ornière! Car nul doute que les propriétaires, cherchant un bon emploi de leurs capitaux, ne les offrissent avec empressement aux hommes intelligents, laborieux et économes! Notre pays deviendrait avant peu une riche pépinière d'artistes d'élite, dont il exposerait les chefs-d'œuvre à l'admiration du monde entier.

Et si notre combinaison est le salut du propriétaire, de l'industriel, de l'artiste, de l'ouvrier intelligent, ne vient-elle pas en même temps au secours de la masse des travailleurs par une immense augmentation des travaux de toute nature? Voies de communication à ouvrir, terres à défricher, à drainer, à reboiser, à fertiliser par un nouvel assolement. D'où il s'ensuit que le sol nourrira avec facilité tous les bestiaux que le cultivateur pourra alors acheter ou elever, et que, fécondé à son tour par d'abondants engrais, il produira pour chaque habitant une nourriture substantielle et à bon marché.

Que de reconnaissance alors, que de bénédictions pour celui dont la main hardie et bienfaisante, en signant le décret, aurait ainsi mis en pratique cet admirable livre écrit pendant sa captivité : l'*Extinction du paupérisme par le travail.*

Voilà pour l'intérieur.

Voyons maintenant, à l'extérieur, les résultats de notre combinaison.

Heureux chez nous, et mis en mesure de pouvoir offrir à toutes les nations, en échange de leurs marchandises, soit comme prix d'achat, soit comme avances, un immense capital *consolidé et reposant sur le sol,* nous devons nécessairement voir notre commerce maritime grandir chaque année, et, dans un temps donné, atteindre enfin et même éclipser la prospérité du commerce maritime de nos voisins les Anglais.

Si l'on examine à fond la situation de l'Angleterre, il est aisé de reconnaître qu'elle devient de jour en jour plus critique. Les chemins de fer et les bateaux à vapeur qui vont, en sillonnant tout le globe, porter la vie et la civilisation jusque dans les coins les plus reculés, auront bientôt fait paraître aux yeux du monde entier l'Angleterre sous son véritable jour. Chacun ne verra plus en elle qu'une sangsue, levant force dîmes sur toutes les affaires d'outre-mer, et exploitant ainsi à son grand profit toutes les nations. Cette prépondérance maritime dont elle est si orgueilleuse lui fut évidemment acquise par sa position géographique. Entourée par les mers, la construction de nombreux navires fut pour elle une nécessité ; la première, elle alla explorer l'univers, créant partout des rapports commerciaux. Placée ainsi à la tête des nations maritimes, elle devint bientôt, par le vaste commerce d'échanges qu'elle sut organiser, l'entrepôt général des marchandises du globe. Plus tard, elle eut l'habileté de consolider cette position dominante par la création de son papier-monnaie; grâce à cette mesure, elle a pu non seulement faire face à tout, mais encore attirer chez elle, par l'appât des avances, les marchandises étrangères. Et ce ne sont pas seulement celles des pays lointains qui cèdent à cet appât; on y voit chaque jour passer à bas prix les marchandises du continent européen, pour être plus tard réexpédiées et revendues par elle, à des prix beaucoup plus élevés, sur ce même continent. Chose affligeante à dire, mais qui n'en est pas moins vraie, l'Angleterre a trop souvent fait jouer ce rôle de dupe à la France (1).

Comme tout naît et disparaît sur la terre, les choses aussi bien que les hommes, nous croyons pouvoir dire, sans trop de témérité, à l'Angleterre : « Qu'arrivée aujour« d'hui au faîte de la grandeur et de la prospérité, elle ne « peut plus que descendre, soit pas à pas, soit par une « culbute. »

Étudions un peu la situation vraie de ce pays, et comparons son avenir avec celui de la France.

Les finances, en Angleterre, ne sont point florissantes, chacun le sait; elle a, d'un côté, une dette énorme, et de l'autre, une création de bank-notes, sans autre garantie, en partie, que la confiance; deux éléments qui peuvent, il est vrai, soutenir et faire marcher un pays, tant qu'il est dans la voie de la prospérité, mais qui deviennent des agents terribles de ruine et de dissolution lorsqu'il est une fois entré dans celle de la décadence. Or, notre lecteur peut facilement apprécier si l'étoile commerciale de l'Angleterre est bientôt destinée à pâlir.

La position géographique de ce pays, origine première de sa splendeur, ne va-t-elle pas, en effet, devenir la prin-

---

(1) Voir à cet effet notre brochure : *Plus de Disette en France.*

cipale cause de sa déchéance prochaine? L'Angleterre, n'étant qu'un entrepôt général, qu'un intermédiaire *sangsue*, avons-nous dit, entre les producteurs d'outre-mer et les consommateurs du continent, perdra indubitablement une grande partie de son importance quand les nouvelles voies de communication et la civilisation auront mis en rapport direct le producteur et le consommateur. Dans un temps peu éloigné peut-être, elle n'aura plus dans ses entrepôts que les marchandises destinées à sa propre consommation; celles qui seront expédiées réciproquement d'outre-mer au continent d'Europe, et du continent d'Europe aux pays d'outre-mer, échapperont naturellement et forcément à son transit.

Restreindre dans de grandes proportions son commerce maritime, tel est donc l'avenir prochain de l'Angleterre, mais restreindre son commerce maritime, n'est-ce pas pour elle le coup de la mort?

Le sol de la Grande-Bretagne, quoique soumis à un système parfait de culture et donnant d'abondantes récoltes, ne lui fournit cependant pas encore de quoi nourrir ses habitants. Les importations alimentaires s'élèvent, dans ce pays, à des chiffres énormes, et par conséquent à des sommes considérables. Ce n'est donc point la production insuffisante de son sol qui pourrait devenir sa planche de salut.

1° Insuffisance de ses revenus pour faire face aux dépenses de l'Etat et au paiement de sa dette;

2° Nouvelles voies de communication qui modifieront, à son désavantage, la marche du commerce maritime;

3° Dépréciation de ses bank-notes par suite de la décadence de son commerce;

4° Insuffisance du sol, qui ne produit pas, à beaucoup près, de quoi nourrir ses habitants.

Tel est donc, en résumé, le bilan de l'avenir de l'Angleterre.

Voyons maintenant celui de la France.

Pays d'intelligence et de travail au suprême degré, la France possède en elle-même tous les éléments de prospérité. Ce qui lui a toujours manqué, ce qui lui manque encore pour donner la vie, le développement et la perfection à toutes les idées fécondes émanées de son immense génie, ce sont les moyens d'action, c'est l'argent à bon marché. « Donnez à la France, a dit un auteur moderne, les moyens d'action qui existent en Angleterre, et, par un mouvement subit de bascule, celle-ci se verra glisser au pied de l'échelle, en même temps que l'autre se trouvera portée au sommet. »

La France possède un sol immense et fécond, produisant en quantité suffisante, non seulement ce qui est indispensable à la vie de l'homme, mais encore tout ce qui fait partie du superflu. Cette production, quoique déjà considérable, est susceptible d'une notable augmentation, puisqu'une partie assez importante du territoire est encore à l'état inculte. Avec du travail, des engrais, un bon système d'assolement et de l'argent à bon marché, le sol, fécondé par l'intelligence, par le travail, par l'agglomération de ses habitants, fournirait bientôt des produits de toute espèce en quantité suffisante, non seulement pour nourrir la France, mais encore en partie l'Angleterre. Donc, sous le rapport du sol, avantage en faveur de la France sur la Grande-Bretagne, destinée à devenir sa tributaire.

Nos finances sont loin encore de l'état déplorable où se trouvent celles de notre rivale. Notre dette n'est pas tellement considérable qu'on doive sérieusement s'en effrayer. Les valeurs territoriales et immobilières de France représentant 100 milliards, sont de nature à rassurer les plus timorés. Qu'on soit tranquille, au surplus, nos finances trouveront sans peine à s'équilibrer du jour où l'on voudra sérieusement faire de notre sol la plus riche Californie du monde. Piochez la terre en France, et vous en ferez jaillir en produits plus d'or que n'en fourniront jamais toutes les mines de l'Australie.—Sous le rapport des finances, l'avantage est donc encore de notre côté, puisque l'Angleterre a usé ses moyens d'action par son système superficiel de papier-monnaie; tandis que nous, nous sommes encore à le créer, mais sur des bases offrant évidemment toute sécurité. Il y a donc, entre les deux pays, la distance qui existe entre la naissance et la mort.

Si les nouvelles voies de communication sont funestes à l'Angleterre, elles sont, dans la même proportion, favorables à la France, qui devient naturellement le premier port maritime du continent. Tous nos ports de mer, reliés par autant de chemins de fer, qui traversent la France et l'Europe avec la rapidité de l'éclair, se substitueront inévitablement à ceux de la Grande-Bretagne, et se feront entrepôts et lieux de transit pour toutes les marchandises venant d'outre-mer à la destination du continent, et *vice versâ*; car la Suisse, l'Allemagne, la Russie, etc., n'ont pas d'autre route que la France. Ainsi donc :

1° Sol immense et fertile, susceptible d'une grande amélioration;

2° Système monétaire à organiser, donnant les moyens d'action nécessaires pour faire tout fleurir et prospérer;

3° Position naturellement faite, par les nouvelles voies de communication à nos ports de mer, et qui appelle la France à devenir la première des nations maritimes;

4° Intelligence et génie dont le mutuel concours portera la civilisation dans l'univers entier.

Tel est le bilan de l'avenir de la France.

Il résulte du parallèle que nous venons d'établir entre les deux pays que la France a sur l'Angleterre une supériorité incontestable; mais ce n'est pas une raison pour qu'elle s'endorme dans une douce quiétude, et laisse au hasard ou à la force des choses le soin de tirer parti de tous ces avantages; elle doit, au contraire, aller au-devant de la position que les circonstances lui préparent; elle doit aplanir les voies, lever les difficultés, surmonter les obstacles; **en un mot,** se mettre à la hauteur de sa nouvelle fortune.

Il faut que le navire étranger qui entrera le premier dans un de nos ports, chargé de marchandises pour le continent, soit étonné de tout ce qui l'entoure, émerveillé de l'immensité de nos entrepôts et de nos gigantesques constructions, afin qu'il aille reporter aux habitants des autres parties du monde que la France va bientôt devenir le pays des prodiges.

Mais, de même que pour mettre à flot un navire d'un fort tonnage, il faut un volume d'eau considérable, de même il faut à la France beaucoup d'argent pour lui donner toute l'impulsion que réclame son prochain avenir. N'oublions jamais que si l'Angleterre a été, et est encore, à l'heure qu'il est, la métropole du monde commercial, elle le doit à l'abondance de ses capitaux et de son papier-monnaie.

Puisque, sur ce point seulement, la France est en arrière de sa rivale, qu'elle se hâte donc de créer un papier-monnaie sur les bases solides que nous avons indiquées, et qu'elle offre au monde entier, pour avances sur marchandises, de l'argent à 2 p. 100, et elle verra alors affluer chez elle toutes les affaires; ses ports de mer deviendront les vastes entrepôts du commerce du monde!

Ainsi pour nous résumer :

Mobilisation des deux tiers de la propriété foncière et immobilière, évaluée à 100 milliards, soit 66 milliards;

Suppression de tous les impôts, remplacés par une taxe unique de 2 p. 100 d'intérêt annuel sur les 66 milliards d'émission de bons du trésor, produisant à l'État un revenu de 1,300 millions (1);

---

(1) Et jusqu'à l'acquittement entier de la dette de l'État, « conservation de la taxe des lettres, réduite, comme en Angleterre, au taux unique de *dix centimes*;

« Du monopole du tabac, dont l'usage, après tout, n'est pas de première nécessité, et dont le droit pourrait être plus ou moins réduit;

« Et enfin, pour un temps indéterminé, conservation des droits de douanes sur l'entrée à la consommation des produits étrangers, droits qui ne peuvent emprunter que du temps et des circonstances leurs modifications ou leur suppression totale. »

Moyens immédiats d'améliorations et de développements, mis à la disposition de l'agriculture aux abois, de l'industrie et du commerce, qui pourront alors étendre à l'infini leurs productions et leurs débouchés;

Bien-être général pour les masses, *qui se trouveront ainsi affranchies de l'impôt qui pèse sur les objets de première nécessité, et qui trouveront dans un travail plus assuré et mieux rétribué des moyens d'existence, qui, malheureusement, leur manquent souvent dans notre organisation actuelle, ou sont insuffisants;*

Pour l'État, enfin, un revenu fondé sur la plus stricte équité, et d'une facile et économique perception, qui le mettra à même d'amortir en peu de temps sa dette, et l'affranchira de l'odieux des mesures fiscales, qui, sous toutes les formes, atteignent et persécutent les malheureux, et amoncèlent contre le gouvernement des haines qui ne se résument que trop souvent en révolutions (1).

Assurément l'adoption de notre système contribuerait plus sûrement et plus vite à la prospérité du pays que l'organisation du crédit foncier et du comptoir de prêt, dont on fait tant de bruit, et dont nous avons déjà examiné et démontré les résultats dans une brochure intitulée : *Réponse à M. Delamarre*, à laquelle nous nous proposons d'apporter de plus grands développements dans une nouvelle et prochaine édition.

---

(1) Et pour ne citer qu'un exemple : qu'on se rappelle l'acharnement, vers la fin de l'empire, des populations des pays nouvellement réunis à la France contre *les Droits-réunis;* acharnement tel qu'il absorbait chez elles tout autre sentiment de haine nationale.

CONSÉQUENCES

DE LA

TRANSFORMATION DES IMPOTS.

L'application de notre système de transformation des impôts exposé dans la première partie de cette brochure doit avoir, selon nous, pour conséquence nécessaire, le bien-être universel.

Pour démontrer que notre assertion n'a rien de hasardé, et en même temps pour justifier le titre de notre ouvrage, nous allons indiquer succinctement et consciencieusement quelle part de bien-être et de prospérité résultera pour chacun des membres de la société, de la mise en pratique de cette transformation.

Commençons par l'ETAT :

La création de billets du trésor représentant les *deux tiers* de la valeur de toutes les propriétés territoriales et immobilières qui lui appartiennent, mettra immédiatement l'Etat en mesure de rembourser en totalité *la dette publique* dont il sert aujourd'hui la rente à 3 et à 4 1/2 pour 100 ; il cesserait ainsi de se voir conduit forcément, par des emprunts considérables et successifs, à creuser de plus en plus l'abîme destiné à engloutir tôt ou tard, et non sans de terribles secousses, la France et son gouvernement; notre système lui procurerait, au contraire, de solides matériaux pour combler à jamais ce canal des impôts, qui trouve aujourd'hui son principal aliment dans le travail et les fatigues des classes agricoles, commerçantes, industrielles, ainsi que dans la misère et les privations des classes ouvrières. Dégrever d'impôt l'homme qui vit de son travail, ce serait acquérir de justes droits à sa reconnaissance, et réaliser en même temps ces belles paroles de Henri IV :

« Que tout bon travailleur puisse mettre tous les jours son pot au feu, et les dimanches sa poule au pot. »

L'adoption de notre système serait immédiatement suivie, pour la France :

De l'extinction totale de la dette de l'Etat, ainsi que de la dette hypothécaire des particuliers;

D'une réduction considérable dans le budget des dépenses;

De la création de moyens d'action immenses, offerts et répandus dans tout le pays;

Enfin, *d'une répartition équitable des charges entre tous les citoyens.*

Ne serait-il pas alors permis de dire que jamais gouvernement n'aurait fait davantage ni même autant pour la prospérité du pays?

Passons à la *propriété;* examinons ce qui résulterait en sa faveur du prêt fait sur elle, à raison de 2 pour 100 formant l'impôt unique et le revenu de l'Etat.

Il existe deux catégories de propriétaires :

Les propriétaires terriens;

Les propriétaires d'immeubles bâtis.

Ces deux catégories ont des subdivisions.

On pourrait presque former une troisième catégorie recrutée dans toutes les subdivisions des deux autres; elle se composerait des *propriétaires endettés*.

Nous allons porter notre attention successivement sur chacune de ces catégories et de leurs subdivisions.

PREMIÈRE CATÉGORIE.

PROPRIÉTAIRES TERRIENS.

Ils se subdivisent en propriétaires *rentiers*, et propriétaires *agriculteurs*.

Les premiers établissent ordinairement les dépenses de leur maison, d'après le chiffre de leur revenu, et, sous peine de changer leurs habitudes, de renoncer au confortable de leur intérieur, ils ne sauraient prendre sur ce revenu la plus petite part possible pour l'irrigation, le drainage, l'amélioration des terres cultivées par leurs fermiers, et encore bien moins pour le défrichement des terres incultes. Ces opérations, qui demandent à la fois de l'intelligence et des capitaux, sont donc abandonnées au soin de fermiers ou métayers, souvent sans instruction, sans connaissances agricoles, et toujours dépourvus d'argent.

Aussi que d'importantes améliorations réclament en France les terres mises en culture, et que d'immenses terrains y restent incultes et stériles!

L'indifférence des propriétaires rentiers, le taux trop élevé de l'argent, telles sont les deux causes capitales du développement incomplet de notre agriculture, de la marche lente et ruineuse de nos défrichements. Point d'amélioration pour le sol avec la première; ruine inévitable par la seconde, car c'est évidemment se précipiter dans un gouffre que d'emprunter à 5, 6 et même 8 pour 100 d'intérêt, pour améliorer une terre qui doit produire au propriétaire rentier 2, 3 ou 4 pour 100 tout au plus.

Par l'adoption de notre système, le propriétaire, sans retrancher rien de son confortable habituel, aurait en mains tous les fonds nécessaires à l'amélioration du sol: il les aurait moyennant un intérêt modique et désormais en rapport avec les produits de la terre; irrigations, défrichements, drainages, empoissonnements, plantations, reboisements, marnages, prairies naturelles et artificielles, se feraient alors promptement, sans obstacles, sur une grande échelle, et ces diverses opérations, venant accroître la valeur de la propriété permettraient au fermier qui en tirerait des produits meilleurs et plus abondants, d'offrir au propriétaire un revenu plus considérable.

Il est une vérité incontestable, c'est que la **terre n'est pas ingrate**, et qu'elle rend toujours le centuple de ce qu'on lui donne. Le concours mutuel et simultané du travail, de l'intelligence et des capitaux assurera donc nécessairement la fortune du fermier, en même temps qu'il augmentera celle du propriétaire.

Voyez l'Angleterre, où des améliorations de tout genre, pratiquées depuis quelques années seulement, ont produit déjà des résultats fabuleux. La récolte d'un hectare, dans ce pays, est égale à la récolte de deux hectares en France.

Quant au propriétaire agriculteur, c'est à lui surtout que profiterait ce nouvel ordre de choses; et cela se conçoit : il réunirait, à lui seul, les deux bénéfices, celui du propriétaire et celui du fermier. Tous les moyens d'action : le travail, les capitaux, les connaissances théoriques et pratiques, se trouvant concentrés entre ses mains, il y aurait unité de vues et de direction dans les opérations de drainage, d'irrigation, de reboisement, de marnages, etc.; l'augmentation des troupeaux et des engrais s'ensuivrait, et par conséquent, celle des produits, qui ne tarderait pas à le récompenser largement de son labeur et de ses avances de fonds.

DEUXIÈME CATÉGORIE.

PROPRIÉTAIRES D'IMMEUBLES BATIS

Si les propriétaires terriens, en profitant des avantages du prêt à 2 pour 100, doivent procurer, par l'abondance de leurs produits, la vie à bon marché, et contribuer ainsi au bien-être universel, les propriétaires d'immeubles bâtis n'y contribueront pas moins, en assainissant, avec l'aide de ces nouvelles ressources, les habitations insalubres qui font partout tant de victimes. Ici encore, l'application de notre système produirait, au point de vue hygiénique, d'immenses et salutaires résultats.

Grands et petits propriétaires, recevant en numéraire les deux tiers de la valeur de leur propriété, seraient alors mis à même d'assainir ou de reconstruire les maisons sombres et humides, celles qui sont construites au milieu de terrains fangeux et infects dont les miasmes vicient l'air, et aussi ces espèces de chenils où couchent souvent pêle-mêle, dans une pièce unique, tous les membres d'une nombreuse famille. Démolir ces habitations insalubres, les reconstruire de telle manière que, dans chaque famille, les sexes au moins puissent être séparés pendant la nuit, serait assurément une mesure tout à la fois hygiénique, humanitaire et morale.

Les propriétaires industriels qui constituent une subdivision de la catégorie dont nous nous occupons, se trouveraient absolument dans la même condition que les propriétaires agriculteurs de la première catégorie, et, comme ceux-ci, verraient surgir pour eux, de l'adoption de notre système, tous les éléments de bien-être et de prospérité. Ils pourraient en effet non seulement assainir et embellir leur habitation, mais encore y ajouter de nouvelles constructions, selon les exigences du développement forcé de leur industrie et de leur commerce.

Combien d'industriels, ayant toute leur fortune en usines, en magasins, en bâtiments, sont obligés aujourd'hui, pour marcher, de recourir à l'emprunt! Ne trouveraient-ils pas immédiatement, dans notre combinaison de prêt à 2 pour 100, sans impôts, les ressources qui leur manquent et qu'ils cherchent? Et ces ressources n'assureraient-elles pas leur aisance, leur prospérité, un peu mieux que des emprunts à intérêt usuraire de 8, 10 et même 12 pour 100, qui, en leur procurant le plus souvent des moyens insuffisants, ont pour effet certain d'absorber leurs bénéfices, lorsqu'ils ne les conduisent pas à leur ruine?

Le grand propriétaire de maisons se voit souvent aussi, quoique riche, entravé dans ses projets d'embellissements et de constructions par l'importance du chiffre de la dépense; c'est donc encore pour lui un puissant auxiliaire que notre système qui met à sa disposition, en numéraire, et pour en user à son gré, les deux tiers de ce qu'il possède en propriétés.

Que de constructions élevées depuis vingt ans auraient été pourvues d'un confortable plus complet et d'une solidité plus satisfaisante, si, aux capitaux dont ils disposaient déjà, les propriétaires avaient pu ajouter de nouveaux capitaux! Nul ne niera ce point incontestable, que tout propriétaire qui bâtit ferait mieux et davantage, si, au moment de la construction, il avait une caisse mieux garnie d'espèces.

Nous avons, en conséquence, la ferme persuasion que,

dans toutes nos villes, grandes et petites, on verrait, aussitôt que fonctionnerait notre système, les anciennes constructions céder la place à des constructions nouvelles mieux faites, mieux distribuées, mieux appropriées aux besoins nouveaux de notre civilisation.

Inutile d'ajouter que tant de belles créations ne sauraient manquer d'attirer en France, et surtout à Paris, une affluence considérable, toujours croissante d'étrangers, qui viendraient chez nous admirer, s'instruire, acheter nos produits, et qui, répandant l'or par mille canaux, alimenteraient et vivifieraient toutes les branches de notre industrie et de notre commerce.

PROPRIÉTAIRES ENDETTÉS.

Une des positions les plus critiques, dans notre état social, est certainement celle du propriétaire qui doit beaucoup d'argent; aussi ce martyr du capital et des intérêts serait-il, plus que tout autre, à même d'apprécier les bienfaits de l'application de notre système.

Supposons un homme possédant une propriété de 100,000 fr., et devant 80,000 fr.; admettons, si vous le voulez, qu'il ait réussi à épargner la commission du notaire ou de l'agent d'affaires, les frais d'actes, d'enregistrement, d'hypothèques; enfin, plaçons-le dans les conditions les plus favorables de sa position de débiteur : le voilà obligé de faire face à 4,000 fr. d'intérêts, avec un revenu de 3,000 fr., plutôt moins que plus. Situation évidemment désastreuse, puisque, chaque année, elle le constitue en perte de 1,000 fr. au moins !

Eh bien, pour ce même propriétaire ruiné, perdu à tout jamais avec l'état de choses actuel, il y a immédiatement dans notre combinaison une planche de salut; rien de plus simple à expliquer :

Il recevrait, comme tous les propriétaires, les deux tiers de la valeur de sa propriété que nous avons supposée être de 100,000 fr., ci . . 66,666 fr. 66 c.
à la condition d'en servir l'intérêt à l'Etat, à raison de 2 pour 100, ci . . . . 1,333 fr. 33 c.

En abandonnant à son premier prêteur cette somme de 66,666 fr. 66 c., il lui serait encore redevable d'une somme de . . . . . . 13,333 fr. 34 c.
qu'il pourrait rembourser immédiatement, au moyen d'un emprunt fait sur son revenu et sur le tiers demeuré libre de sa propriété, soit à la banque paternelle (1), soit à tout autre prêteur, au taux légal de 3 pour 100, ci . . . . 400 fr. »

Il ne paierait donc plus pour ces . . . . 80,000 fr. 00 c.
qu'un intérêt de . . . . 1,733 fr. 33 c.
au lieu de 4,000 qu'il paie aujourd'hui.

Ainsi, ce propriétaire rembourserait immédiatement sa dette, et transformerait sa perte annuelle de 1,000 fr., en un revenu de 1,266 fr. 67 c.

---

(1) Voir notre brochure : *Banque paternelle.*

LE COMMERCE, L'INDUSTRIE, L'AGRICULTURE.

Dégrevés d'impôts, affranchis des emprunts à gros intérêts et des conséquences ruineuses qui en sont la suite, le commerce, l'industrie et l'agriculture, ces trois chevilles ouvrières de la fortune et de la prospérité d'un pays, trouveraient donc aisément, soit à 3 pour 100 sur crédit, soit à 2 pour 100 sur propriétés, tous les fonds dont ils auraient besoin pour donner une plus grande extension à leurs produits, à leurs transactions, et pour marcher ainsi, avec moins d'entraves, dans la voie des améliorations et du progrès.

Le commerce de la France, s'il possédait des capitaux suffisants, ce qui lui manque aujourd'hui, étendrait progressivement ses relations; il en aurait bientôt avec tous les pays du globe.

Une conséquence de cette extension serait l'ouverture de nouveaux et importants débouchés en faveur de l'industrie, qui, de son côté, pourvue de capitaux abondants et à bon marché, donnerait de l'accroissement à ses usines, à son matériel, à sa fabrication. — De là encore une source inépuisable de travaux pour les classes ouvrières et nécessiteuses.

L'agriculture, notre mère nourricière à tous, y trouverait également ce qui lui a toujours manqué : l'argent en abondance et à bon marché, pour arriver à l'accroissement des produits par l'amélioration du sol.

M. Moll, agronome très-distingué, et dont l'opinion fait autorité, disait tout récemment dans un de ses cours, en présence d'un nombreux auditoire, que, dans les conditions actuelles du sol de la France, et pour faire une culture raisonnée et lucrative, un fermier entrant en ferme devrait avoir une valeur de 400 fr. par hectare, en bestiaux, en instruments aratoires et en numéraire; mais que malheureusement il était reconnu et prouvé qu'en moyenne le fermier de France ne possédait même pas la valeur de 100 fr. par hectare.

Et il concluait de là que la terre, recevant en améliorations seulement le quart de ce qu'elle réclamait, ne donnait que des récoltes insuffisantes, et que, par conséquent, le fermier, mal indemnisé de ses frais, demeurait constamment dans une position sinon ruineuse, au moins très-gênée.

M. Moll arrivait ensuite au fermier plus éclairé, plus hardi, qui, en face de la nécessité et de l'urgence, se décidait à emprunter les 300 fr. par hectare, qui lui manquaient, pour donner à sa terre les plantes améliorantes et les engrais nécessaires. — Mais, fatalité plus grande encore, il démontrait que cet emprunt, fait à un taux d'intérêt de 5, 6 ou 7 pour 100, n'ayant d'autre résultat que d'amener, dans les premières années, les produits de cette terre à une valeur de 3, de 4, ou au plus de 5 pour 100, absorbait tout à la fois le capital et les facultés physiques et morales du malheureux emprunteur.

Autre difficulté : s'il fallait prêter, non pas 300 fr. par hectare, comme le demande M. Moll, mais seulement 200 fr., la somme calculée à raison de 42 millions d'hectares en culture s'élèverait au chiffre énorme de 8 milliards 400 millions, c'est-à-dire au-delà du double de tout l'argent monnayé qui existe en France! Où trouver un pareil capital, seul capable de tirer notre agriculture de l'état d'infériorité où elle est vis-à-vis de l'agriculture anglaise? La réponse, on le comprend, sans que nous ayons besoin de l'expliquer, se trouve encore dans l'application de notre système; lui seul peut fournir à l'agriculture ses moyens d'action ; l'argent en abondance et à bon marché; lui seul peut la mettre ainsi en mesure de produire beaucoup, de diminuer le prix de ses produits, et de faire avec toutes les nations, et sur toutes les parties du globe, une concurrence sérieuse et lucrative.

LES FINANCIERS ET LES BANQUIERS.

66 milliards, répandus sur toute la surface de la France, dans les mains de tous les propriétaires, viendraient évidemment enlever aux financiers et aux banquiers le plus beau fleuron de leur couronne : le monopole de l'argent.

Le remboursement de la dette publique, en supprimant par le fait les rentes sur l'Etat, les priverait également de toutes ces belles combinaisons qu'ils appellent *coups de bourse*, combinaisons assurément fort bonnes pour ceux qui en font marcher les ressorts secrets, mais, il faut bien en convenir, toujours fatales aux petits rentiers.

L'argent, devenu plus abondant, mettra fin aussi, nous aimons à le croire, à toutes ces grandes combinaisons de sociétés par actions dont la *Bourse*, monument élevé pour être le sanctuaire de la justice et de la loyauté commerciale, consent à se faire le tréteau à grand orchestre, au profit des gros faiseurs de la capitale, et au détriment des pauvres et infimes actionnaires de la province.

La réduction à 3 pour 100 du taux légal de l'intérêt rognerait en outre le bénéfice des prêts qu'ils ont faits jusqu'ici à 5, 6 et 8 pour 100, sans compter que, par suite de l'émission des 66 milliards, leur nombreuse clientèle pourrait à l'avenir se passer d'eux.

De tout cela faut-il conclure que l'application de notre système deviendrait le tombeau des financiers et des banquiers? Pas le moins du monde. Ils pourraient même y trouver une position, sinon aussi lucrative, du moins plus morale et plus honnête; au lieu de continuer à faire la ruine et la désolation des familles qui les maudissent, ils se verraient, eux aussi, avec leurs capitaux, appelés à concourir au bien-être universel, et ils y contribueraient dans une très-large part : c'est ce que nous allons expliquer.

Nous avons dit que l'abondance des capitaux fournis à l'agriculture et à l'industrie aurait pour conséquence nécessaire un accroissement considérable des produits de toute nature. Ces produits, expédiés par la France sur tous les points de l'univers, amèneraient forcément avec l'étranger un grand commerce d'échange. D'un autre côté, nous avons démontré que, par le nombre et la position de ses ports de mer placés aux extrémités de chemins de fer qui sillonnent l'Europe avec la rapidité de l'éclair, notre pays était appelé à devenir, au détriment de l'Angleterre, l'*entrepôt du continent européen*, l'Allemagne, la Suisse, la Russie, etc., n'ayant pas de voies plus courtes pour expédier leurs produits ou recevoir ceux d'outre-mer. Cela posé, on comprend sans peine quel rôle important pourraient remplir les financiers et les banquiers de la France. Avec leurs capitaux, auxquels les propriétaires joindraient naturellement ceux dont ils n'auraient pas eu besoin de faire emploi pour l'amélioration du sol, ils deviendraient, concurremment avec les riches banquiers anglais, les intermédiaires du commerce maritime du monde.

L'extension de notre commerce maritime, conséquence forcée du développement et de l'abondance de nos produits, entraînerait la construction de nombreux navires, l'emploi d'un plus grand nombre de matelots, l'augmentation, en un mot, des forces protectrices de notre commerce sur les mers, et deviendrait également une source d'amélioration dans la condition de la classe ouvrière.

Imitez donc l'Angleterre, qui ne doit son immense prospérité qu'à la création de son papier-monnaie (1); donnez à la France les ressources qui lui manquent pour satisfaire à l'intelligence et au génie de ses habitants, et vous aurez enfanté des merveilles, et l'univers entier vous admirera et se fera votre tributaire, et, la France pouvant offrir de l'argent à 2 pour 100 sur consignations et connaissements de marchandises, vous verrez s'élever, non pas à Paris, où c'est un contre-sens, mais dans nos ports de mer, des docks immenses où afflueraient toutes les marchandises du monde.

LES TRAVAILLEURS.

L'application de notre système ferait, ainsi qu'on vient de le voir, la part belle au gouvernement, aux propriétaires, aux agriculteurs, aux industriels et aux capitalistes ; occupons-nous maintenant des travailleurs : c'est la classe la plus nombreuse et la plus intéressante de la société ; elle n'a par elle-même aucuns moyens d'actions ; elle réclame à tous égards la sollicitude des classes riches et la protection du gouvernement.

A ce sujet, nous répéterons ces paroles du Christ :

« Dieu a placé sur la terre, à côté l'un de l'autre, le
« riche et le pauvre; car ils sont tous deux indispensables
« l'un à l'autre, tous deux nécessaires pour former une
« société, et la faire marcher, par leur mutuel concours,
« dans la voie du progrès, de la civilisation et de la pro-
« spérité. »

Et, en effet, que le riche ferme sa bourse au pauvre, et

(1) Les bank-notes, aujourd'hui en circulation sur tout le globe.

que le pauvre refuse son bras au riche, quel sera le résultat ? La misère, la famine pour tous ; les révolutions, les bouleversements, et, en dernière analyse, la barbarie effaçant jusqu'aux derniers vestiges de la civilisation. Cette vérité n'a pas besoin d'être démontrée ; il suffit de l'énoncer.

Donc il y a pour toute société, et c'est pour elle une question de vie ou de mort, un premier devoir à remplir : c'est d'arriver à une organisation telle que le riche et le pauvre aient un intérêt constant à se prêter ce mutuel concours d'où découle le bien-être général ; c'est de faire en sorte que, sans nuire aux justes et raisonnables intérêts du maître, le travailleur trouve toujours, au bout de sa tâche, un salaire suffisamment rémunérateur qui lui donne sa part de bien-être, qui l'attache au sol et à la vie, qui le relève à ses propres yeux de cet état de dégradation et de débauche où le plonge trop souvent l'excès des privations et de la misère. — Rien de plus vrai malheureusement que ce vieil adage : *De la misère au crime il n'y a souvent qu'un pas.*

Mais s'il est vrai, et nous croyons l'avoir surabondamment démontré, que l'adoption de notre système ait pour conséquence immédiate la création d'immenses travaux en tout genre, il est évident aussi que, dans les bénéfices de ces grandes opérations, les travailleurs de tous les états viendront prendre leur part.

Ainsi, le travailleur sera naturellement appelé :

1° A opérer le changement d'assolement, dans le but d'obtenir des produits plus considérables, des 42 millions d'hectares de terre déjà livrés à la culture. La dépense de cette opération, jointe à celle que devront faire les propriétaires ou fermiers d'une si vaste étendue de terrain, soit en travaux manuels, soit en engrais, bestiaux, semences fourragères et légumineuses, représente, si l'on veut rivaliser avec la culture anglaise, au moins 200 fr. par hectare; elle s'élèvera en conséquence à un chiffre de 8 milliards 400 millions.

2° A défricher, assainir, marner, empoissonner, irriger, drainer, planter 11 millions d'hectares encore incultes : à 400 fr. par hectare, et c'est le moins qu'on puisse évaluer ces travaux, voilà encore une dépense de 4 milliards 400 millions.

3° A planter et cultiver dans les terrains propices, restés pour la plupart incultes jusqu'à ce jour, des arbres fruitiers et de nouvelles vignes. — La suppression de l'impôt sur les boissons, en mettant un terme à la falsification du vin et des autres liquides, décuplerait la consommation de ces produits, en assurerait l'écoulement aux propriétaires de vignes et de vergers, et, tout en procurant au producteur un revenu suffisamment rémunérateur, abaisserait le prix d'achat jusqu'au niveau des plus petites bourses.

4° A tondre, peigner, laver, filer les laines, à tisser les étoffes, à tanner les cuirs, etc., à s'occuper enfin de tous les travaux, suite indispensable de l'accroissement dans le nombre des bestiaux, accroissement qui fait partie des améliorations à introduire dans notre agriculture. Outre que cet accroissement généraliserait l'usage de la viande, ce qui serait un bienfait, il aurait encore pour résultat d'affranchir nos fabricants de l'énorme tribut qu'ils paient à l'étranger pour en faire venir les matières premières dont la France n'est pas suffisamment pourvue : double gain pour le pays, puisque, d'un côté, l'argent ne sortirait plus du pays pour aller enrichir l'étranger, et que, de l'autre, le consommateur aurait à meilleur compte les étoffes, les cuirs, les suifs, la viande, etc.

5° A démolir, reconstruire, assainir, embellir un nombre considérable de vieilles habitations et de maisons insalubres; à élever partout les nouveaux magasins, les fabriques, les usines qu'exigera le développement progressif de toutes les industries. Grâce à ce développement, on pourra confectionner, sur une plus grande échelle et à meilleur marché, les mille objets divers d'art et de luxe, connus sous le nom d'articles de Paris ; donner un plus grand essor à la fabrication du sucre de betteraves qui, dégagé de droits, serait mis à la portée du pauvre dont il viendrait augmenter le bien-être, et dont les résidus offriraient à l'agriculture une nourriture abondante pour les bestiaux, et par conséquent des engrais considérables pour l'amendement du sol.

6° Enfin à construire de nombreux navires, non seulement pour le transport sur tous les points du globe, des immenses produits de notre agriculture et de notre industrie, mais encore pour la protection de notre pavillon auquel l'extension merveilleuse de nos relations commerciales ne manquerait pas de susciter de nombreux ennemis.

Introuvables aujourd'hui, avec notre organisation sociale, les six ou huit milliards de fonds de roulement que nécessiteraient ces diverses améliorations, seraient immédiatement réalisés, si l'on adoptait notre système.

L'écueil de tout les temps, celui devant lequel se sont toujours brisés les efforts des peuples et des rois, c'est le besoin d'argent.

Entrez donc franchement dans le système que nous indiquons, et le problème sera résolu, puisque vous mettrez immédiatement à la disposition de l'agriculture, du commerce, de l'industrie, de toute la France enfin, plus de moyens d'action que n'en possèdent et que n'en posséderont jamais les Rotschild, les Fould et tous les banquiers de l'Europe réunis.

Résumons en peu de mots ce système :

Qui donnerait les éléments primitifs, et les moyens d'action pour mettre tout en mouvement ?

Evidemment les propriétaires et les capitalistes.

A qui aurait-on emprunté?

A *personne.*

Mais qui aurait contribué le plus aux défrichements, a l'amélioration des terres, à l'augmentation des produits alimentaires et industriels?

Les travailleurs.

Qui aurait contribué le plus à la fortune de la France et à l'extension de son commerce?

Les travailleurs.

Qui aurait procuré à la population le pain, la viande, le vin, les boissons, le sucre, tous les produits, en abondance et à bon marché?

Les travailleurs.

En un mot, qui aurait donné à la société entière l'aisance, le confortable, le bien-être?

Les travailleurs, toujours les travailleurs.

Il est donc bien évident que c'est un besoin pour tous sur cette terre de se prêter un mutuel secours. Ne sommes-nous pas tous enfants de Dieu, et de même nature? Pourquoi nos efforts communs ne tendraient-ils pas à nous entre-aider, à nous alléger mutuellement le fardeau quelquefois si lourd et si pénible de la vie?

Un mot encore.

Jésus-Christ fut torturé et crucifié, pour avoir voulu remplacer, sur la terre, le mensonge, l'ignorance, la corruption et l'esclavage, par la vérité, la lumière, l'intelligence, l'humanité, la morale, la justice et la liberté.

Galilée fut jeté dans les fers, et subit mille humiliations, pour avoir annoncé au peuple que la terre tournait et que le soleil était fixe.

Christophe Colomb fut traité d'insensé pour avoir prétendu, et persisté à soutenir qu'il existait un autre monde que le monde connu, — ce qui ne l'empêcha point de découvrir l'Amérique.

Fulton essuya les moqueries des savants, et fut traité de songe-creux et de visionnaire, pour avoir soumis à Napoléon un moyen de faire marcher les voitures sans chevaux, — le rêve n'en est pas moins devenu une réalité.

Ces faits se reproduisent à chaque page de l'histoire de tous les pays et de tous les peuples, et pourtant l'ignorance, le fanatisme, la stupidité sont encore le partage de l'immense majorité du genre humain. Combien ils sont coupables, et quel compte ils auront à rendre à Dieu, ceux qui, ayant mission sur cette terre d'éclairer leurs semblables, de les instruire, de les rendre meilleurs, ne cherchent au contraire qu'à entretenir leur ignorance, source de tous les vices et de tous les maux de notre malheureuse humanité! Oh! sans doute le jugement dernier sera terrible pour ceux-là; car ils trouveront devant le tribunal suprême, l'auteur de tant de belles paraboles, le flambeau divin de la vérité, de l'intelligence, Jésus-Christ; et Jésus-Christ sera l'impitoyable accusateur de tous ces faux chrétiens qui abrutissent le peuple sous prétexte de le civiliser, et qui prétendent l'éclairer en lui crevant les yeux.

C'est évidemment à l'ignorance des masses et au mauvais vouloir des hommes chargés de les instruire, qu'il faut attribuer la difficulté si grande qu'éprouve la vérité à se faire jour; aussi avons-nous peu d'espoir d'être plus heureux qu'une foule de nos devanciers dont la voix n'a commencé à être écoutée que lorsqu'elle ne pouvait plus se faire entendre.

Nous nous permettrons de poser ici cette question:

Quel sort ou quel supplice serait aujourd'hui réservé:

1° A celui qui aurait l'audace de rendre à jamais impossibles les disettes en France, et de faire en même temps, pour le pays, une économie de 200 millions tous les sept ou huit ans?

2° A celui qui aurait l'impertinence de démontrer que les avances sur consignation de marchandises, et les prêts sur la propriété sont l'éternelle ruine des emprunteurs?

3° A celui qui, par une nouvelle combinaison financière, s'aviserait de doter la France d'une valeur de 66 milliards, et de faire circuler ainsi la vie et la richesse dans toutes les artères du corps social?

Oh! mon Dieu, nous ne craignons point qu'on nous fasse monter sur un bûcher : la chose est passée de mode; mais on nous traitera de rêveur, d'utopiste; on nous conspuera, on épuisera sur nous toutes les flèches du ridicule. Qu'y faire pourtant? Se résigner, puisque tel doit être fatalement le sort de tous les hommes à idées neuves et simples, qui blessent des intérêts et sapent des abus; attendre patiemment que l'idée repoussée soit devenue une vérité vulgaire : c'est le parti que nous prenons.

De tout ce que nous avons dit, il ne résulte pas moins qu'il faudrait immédiatement à la France une quarantaine de milliards :

Six à sept milliards pour libérer l'Etat de sa dette publique;

Treize à quatorze milliards pour libérer les particuliers de leur dette hypothécaire;

Douze à treize milliards pour défricher les terres incultes, pour fertiliser le sol de la France, pour accroître les produits de l'agriculture, pour construire partout des étuves et des greniers silos pour en assurer la conservation indéfinie, et la mettre ainsi en mesure de soutenir la concurrence sur les marchés étrangers, ce qu'elle n'a essayé de faire, jusqu'aujourd'hui, qu'à son grand détriment et en subissant des pertes considérables;

Six à huit milliards pour améliorer la condition hygiénique du peuple des villes et des campagnes, en supprimant ou en assainissant les habitations insalubres; pour fournir à l'industrie les moyens de construire de nouvelles usines, de nouvelles machines, de fabriquer davantage et mieux, et à meilleur marché, de pouvoir enfin lutter en tout et partout avec la fabrication étrangère.

A ce chiffre de 40 milliards, ajoutons le chiffre énorme des capitaux nécessaires aux commerçants pour faire face à toutes les éventualités d'un commerce universel d'échange de marchandises, pour répondre à toutes les demandes successives d'avances de fonds sur consignations et sur connaissements de navires, à peine sortis des ports les plus reculés du globe.

Il n'est pas besoin d'y voir bien clair pour reconnaître l'insuffisance des *trois milliards cinq cents millions* de numéraire qui existent en France. Tout au plus peuvent-ils servir d'appoints dans les transactions.

Dans notre système, tout est prévu et l'on pourvoit à tout.

Qu'on se reporte à l'Angleterre : si elle a pu donner à ses relations commerciales, aux améliorations de son agriculture ces immenses et miraculeux dévelopgpements qui font notre admiration, à quoi le doit-elle, si ce n'est à la création de ses bank-notes qui reposent principalement sur la confiance publique?

Le papier-monnaie que nous proposons, reposant sur le sol de la France, ne serait probablement pas moins solide, et il généraliserait, dans les conditions normales de 2 pour

100, le prêt hypothécaire qui se fait aujourd'hui à 5, 6, 8 pour 100' quelquefois davantage.

Puissent le chef de l'Etat et les représentants de la nation prendre l'initiative de cette grande mesure à laquelle, quoi qu'il advienne, il faudra bien recourir tôt ou tard ! Car jamais, avec quelques moyens d'action qu'on veuille imaginer, avec les créations de crédit, avec les emprunts, ruine des Etats et des peuples, jamais, nous le répétons, on ne créera des ressources pareilles à celles que nous avons indiquées dans cette brochure.

P. VÉRET.

Paris, décembre 1852.

LA BANQUE PATERNELLE.

Dans notre brochure : *la France régénérée*, nous avons annoncé que notre système, en supprimant tous les impôts, doterait en outre le pays d'un capital de 66 milliards, devant lequel disparaîtraient immédiatement et les ventes à terme, et les ventes à crédit, et les billets et mandats à échéance, qui, transformés par l'endos en valeur courante, ont le funeste inconvénient d'engager par des signatures tout le commerce, toute l'industrie, et d'être ainsi la source de tant de ruines et de faillites. Un crédit ayant pour base l'impôt du timbre, pour aliment journalier l'exploitation et la rapacité des banquiers ; un crédit qui, le plus souvent, sert encore de pâture aux tribunaux et aux hommes de loi, doit tôt ou tard tomber et disparaître.

Les 66 milliards seraient employés de la manière suivante :

1° *Sept* milliards, à libérer l'Etat de sa dette publique ;

2° *Quatorze* milliards, à libérer les propriétaires de leurs dettes hypothécaires ;

3° *Vingt* milliards, à défricher et à mettre en culture 11 millions d'hectares de terre encore incultes ; à améliorer la culture de 42 millions d'hectares, qui, en grande partie privés d'engrais, sont loin de donner le produit qu'on aurait droit d'en attendre ; à acheter, à élever les bestiaux que réclame notre sol depuis des siècles, et dont l'absence nous fait porter annuellement à l'étranger un tribut de 7 à 800 millions pour achat de laines, de cuirs, de suifs, de viande, etc. (il est évident que, le jour où la France élèverait et nourrirait un nombre de bestiaux dépassant l'importance de ses achats actuels, cette exorbitante dépense serait immédiatement supprimée); à planter, dans tous les terrains propices, des vignes et des arbres à fruit, sources d'un produit d'autant plus réel que la suppression des droits sur les boissons, donnant à la consommation une nouvelle activité, en rendrait l'écoulement plus facile et plus lucratif, et mettrait en outre un terme à la fraude et à la falsification, si nuisible à la santé publique; à fournir à l'agriculteur tous les moyens d'action nécessaires et à le mettre ainsi en mesure d'obtenir de la terre, cette mère nourricière, les produits abondants qu'elle ne refuse jamais à l'engrais et au travail; à reconstruire, à assainir les habitations insalubres, ces espèces de chenils où couchent souvent pêle-mêle tous les membres d'une nombreuse famille; à construire de nouvelles usines, de nouvelles machines; à donner à la fabrication française les moyens de lutter avec la fabrication étrangère, soit sous le rapport de l'importance, soit sous celui de la perfection, ce que, dans beaucoup de cas, elle n'a pu faire jusqu'ici qu'en éprouvant des pertes considérables; à simplifier la fabrication du sucre de betteraves, afin de la propager dans chaque ferme : — la suppression des droits, en abaissant les prix au niveau des plus petites bourses, procurerait aux classes pauvres une plus grande somme de bien-être, et deviendrait en même temps la source d'une plus grande abondance d'aliments pour les bestiaux et d'engrais pour le sol; à établir chez chaque fermier, chez chaque particulier, des manolythes, des *greniers silos* pour la conservation indéfinie, sans manutention ni détérioration, des grains et des liquides, — car le premier de tous les soins devrait être de faire, pendant les années abondantes, des réserves pour les années stériles, et d'empêcher ainsi à jamais le retour de ces deux grands fléaux de l'humanité, la misère et la famine: *le pain, c'est la vie!* — à empêcher, dans certaines années, les agriculteurs, les meuniers, les négociants indigènes d'exporter à vil prix leurs produits toujours rachetés plus tard à des prix excessifs par les consommateurs français, qui subissent ainsi, pour les céréales entre autres, une perte sèche de 15 à 20 fr. par hectolitre!... à élever dans tous les ports de mer français des docks immenses, en rapport avec notre prochain avenir de première nation maritime; à construire de nombreux navires destinés à transporter nos produits sur toutes les parties du globe, et, par contre, à rapporter chez nous tous les produits exotiques; enfin à créer une marine formidable dont la mission serait de protéger notre commerce sur toutes les mers, en forçant au respect les nations jalouses de notre prospérité;

4° *Vingt-six* milliards, à fonder, dans chaque chef-lieu de canton, une Banque paternelle ayant tous les propriétaires du canton pour fondateurs et pour actionnaires. Les fonds non employés à l'amélioration du sol, aux plantations, aux constructions, etc., seraient versés au siége de la société, sous la direction d'un conseil de surveillance, et offerts à 3 pour 100 à l'artisan, à l'industriel, à l'agriculteur, au commerçant; de sorte que ceux-ci auraient immédiatement, suivant leur position et leur moralité, les fonds réclamés par des opérations sérieuses et régulières qui désormais ne se feraient qu'au comptant. Chacun d'eux, assuré de trouver à sa banque cantonnale des fonds proportionné à sa position, n'opérerait alors que suivant ses ressources réelles ; il ne compromettrait plus ni lui-même ni les autres par des spéculations basées sur le jeu, alimentées par un factice crédit de billets et de mandats à longues échéances, revêtus souvent de signatures réciproques et de complaisance. Comment en pourrait-il être autrement, puisque tout individu demandant crédit se verrait aussitôt, pour ce seul fait, reconnu et mis à l'index comme négociant travaillant au-dessus de ses forces et ayant usé son crédit local ? Le commerce aurait donc une marche assurée et régulière, à l'abri des pertes, des faillites, des crises financières et politiques, qui sont toujours pour lui des causes de ruine.

Des fonds seraient offerts à 2 pour 100, sur gage de marchandises, aux agriculteurs et aux négociants qui, pendant les années d'abondance, mettraient des céréales et des liquides en réserve dans les manolythes. On accorderait même des primes assez fortes aux premiers inscrits pour cette opération que le gouvernement de son côté encouragerait nécessairement par tous les moyens à sa disposition ; car, en même temps qu'elle mettrait la France à l'abri des disettes, elle l'affranchirait de ce tribut de deux cents millions et plus qu'elle paie à l'étranger tous les six ou sept ans pour lui racheter fort cher les mêmes céréales qu'elle lui a vendues à vil prix.

Des avances d'argent à 2 pour 100 seraient offertes, en concurrence avec l'Angleterre, à tous les producteurs exotiques, sur connaissements de marchandises, au moment où les navires chargés de les transporter seraient sortis des ports les plus reculés du globe.

Nous avons dit déjà dans plusieurs de nos brochures, et du reste tout le monde sait aujourd'hui que l'Angleterre doit à ses avances de bank-notes, sur marchandises et sur connaissements, d'être devenue non seulement la première nation maritime, mais encore l'entrepôt général du commerce du monde. Nous avons aussi démontré surabondamment qu'en dépit de sa position géographique, origine de sa splendeur et de sa prospérité, elle céderait naturellement le pas à la France aussitôt que l'adoption de notre système aurait mis à la disposition de celle-ci des moyens d'action d'une puissance inconnue à toute nation et à l'Angleterre elle-même.

En effet, si la France, offrant en abondance au monde entier de l'argent à 2 pour 100, garanti par son sol, le plus riche et le plus fertile du globe, venait faire concurrence aux bank-notes, dont la base est la confiance publique, et dont la dépréciation, au moment où avec son commerce tombera cette confiance, égalera celle des assignats de 1793, que deviendrait l'Angleterre?

Si, pour économiser les frais du transit, et un nouveau fret de cabotage toujours à la charge de la marchandise, les producteurs et les consommateurs du continent d'Europe et d'outre-mer, renonçant à l'intermédiaire des négociants anglais, recouraient à celui de la France dont les ports sont reliés par autant de chemins de fer, qui correspondent à tous ceux qui sillonnent l'Europe, que deviendrait l'Angleterre?

Elle perdrait son transit; elle verrait le vide se faire dans ses vastes docks, où arriveraient seulement les objets destinés à sa propre consommation.

Pour opérer cette révolution maritime et commerciale, la France n'a qu'à vouloir : notre système lui en donne les moyens; qu'elle adopte notre système.

Quoi! nous dira-t-on, la Banque paternelle va donner de

l'argent sur la moralité et la bonne foi des artisans et du commerce! Mais beaucoup en mésuseront; elle subira des pertes considérables; il est impossible qu'elle y tienne.

Nous avions prévu cette objection et nous allons y répondre.

Les banquiers ne donnent-ils point aujourd'hui, à gros intérêts, de l'argent à ces mêmes artisans et négociants sur leurs billets ou mandats? Et ces billets ou mandats ne reposent-ils point également sur la moralité et la bonne foi de ceux qui les font ou qui les endossent? Notre Banque fera ce que fait le banquier; elle ne dépassera point un chiffre de crédit en rapport avec la position de l'individu, et, pour cela, son conseil de surveillance aura mission d'étudier et d'inscrire sur un livre *ad hoc* la position approximative de chacun. Et d'ailleurs, quelle comparaison à établir entre notre Banque paternelle et le banquier d'aujourd'hui, qui souvent fait valoir les capitaux d'autrui et doit par conséquent en servir l'intérêt? Celle-là mettrait un peu de légèreté dans ses placements qu'elle n'aurait jamais à courir un danger sérieux.

La Banque paternelle, avons-nous dit, aurait pour fondateurs et actionnaires tous les propriétaires; n'oublions point qu'à ceux-ci on aurait donné les deux tiers de leur propriété, en bons terriens, à raison de 2 pour 100 formant l'impôt unique, et que, par conséquent, ces moyens d'action en numéraire ne leur auraient rien coûté, puisque nous reconnaissons tous que l'impôt doit être payé par celui qui possède; ainsi, sans compter les milliards employés à l'amélioration du sol, au défrichement, à l'assainissement, aux constructions, milliards employés en définitive au profit des propriétaires qui voient augmenter la valeur de leur bien, sans avoir d'intérêts à payer, sans rien retrancher de leurs revenus habituels, ces mêmes propriétaires jouiront donc encore de l'intérêt des 26 milliards de la Banque paternelle, à 3 pour 100 sur crédit, et à 2 pour 100 sur marchandises : soit, en moyenne, d'un bénéfice d'environ cinq à six cents millions, chiffre assurément fort respectable. Eh bien, lors même que ce chiffre de cinq à six cents millions serait absorbé par les pertes provenant de mauvais placements, où serait le grand mal ? Est-ce que les propriétaires n'auraient pas toujours la part la plus grosse et la plus belle, puisqu'on ne toucherait jamais qu'au revenu ?

Est-ce que cet argent répandu dans la société n'aurait point porté fruit ?

Est-ce que le négociant n'aurait point créé de nouveaux débouchés, l'industriel de nouveaux procédés, le mécanicien des machines nouvelles ou plus parfaites, le peintre des toiles nombreuses et remarquables, l'écrivain des livres meilleurs et moins subversifs de l'ordre ?

Est-ce que le génie français, si supérieur pour les objets d'art et de luxe, n'aurait pas vu s'ouvrir devant lui les portes à deux battants ?

Est-ce que l'argent employé à conserver les grains et les liquides n'aurait point préservé le pays de la disette et de tous les maux qu'elle entraîne à sa suite ?

Est-ce que l'argent consacré à l'assainissement des maisons insalubres, à la construction d'habitations confortables, n'aurait point profité à la population tout entière, en lui faisant respirer un air plus pur et plus sain, en améliorant sa condition hygiénique, en faisant disparaître toutes ces épidémies qui tirent leur origine des privations, de l'insalubrité et de la misère ?

Est-ce qu'il n'y aurait pas eu un peu de baume répandu

sur les plaies saignantes de notre pauvre espèce humaine?

Est-ce que le bien-être, en s'universalisant, n'aurait pas éteint peu à peu cette haine du pauvre contre le riche, qu'alimentent les privations et les souffrances?

Est-ce que l'argent qui aurait organisé partout le travail n'aurait pas nourri les travailleurs?

Est-ce que la France, augmentant la production et la richesse de son sol, donnant à l'intelligence et au génie un essor plus élevé, perdrait ainsi de sa gloire et de sa puissance?

Est-ce que le bien-être et la prospérité de tout un peuple ne seraient point préférables à sa misère et à l'égoïsme de quelques-uns?

France, réveille-toi, prends courage, aie confiance; si nos maximes, en triomphant, repoussent à jamais dans la tombe l'égoïsme, l'usure et la misère, elles brisent en même temps les chaînes du sépulcre du Christ, pour en faire sortir victorieuse, après dix-neuf siècles d'attente, l'ère de l'humanité, de la justice, de la liberté et de la vraie civilisation!

Paul VÉRET

OUVRAGES DU MÊME AUTEUR

Adressés également en 1852 et 1853 aux Représentants de la France.

Plus de disette en France. — Moyens infaillibles de faire tout fleurir et prospérer, en évitant au pays une perte sèche de 150 à 200 millions sur les céréales tous les cinq à six ans.

Réponse à M. Delamarre, ou la condamnation du Crédit foncier.

Question matérielle. — Explication des causes qui ont fait augmenter de valeur le sol de la France depuis 1789.

De la conservation indéfinie des grains et de liquides sans manutention, détérioration et déchet.

Question morale. — Explication des plaies sociales.

Les Concours agricoles et leurs effets.

Le Progrès agricole et ses effets.

Question du Despotisme, de la Monarchie, et de la République.

Des Défrichements par l'armée des terres incultes de France (soit onze millions d'hectares).

La France régénérée par la transformation des Impôts, dotant le Pays de moyens d'action d'une puissance inconnue jusqu'alors.

Le véritable Crédit agricole.

Question matérielle de la Propriété.

SOUS PRESSE:

Prospérité ou décadence d'une nation.

www.ingramcontent.com/pod-product-compliance
Lightning Source LLC
LaVergne TN
LVHW021705080426
835510LV00011B/1599